DAVID ESTELLER ORTEGA

Utopía y Realidad

EL FRACASO DEL SOCIALISMO

outskirts
press

Dedico este ensayo a mi hija Rosana Esteller de Ginart,
porque gracias a su insistencia lo escribí.

ÍNDICE

CAPÍTULO III:
EL FRACASO DEL SOCIALISMO

CAPÍTULO IV:
LA BÚSQUEDA DEL BIENESTAR

PREFACIO

Cuando mi padre murió —quien, por cierto, era anticomunista— yo tenía quince años, y a los 13 había leído *La madre*, novela del escritor ruso Máximo Gorki, la cual me impactó muchísimo. Pensé, desde entonces, que la revolución socialista era la salida para lograr la igualdad, la libertad y la justicia, especialmente, para los trabajadores y los pobres. A los tres meses de muerto mi padre, me incorporé al Partido Comunista. Fui fundador de la Juventud Comunista en Guanare, capital del Estado Portuguesa (Venezuela), y su Secretario General. Como era uno de los mejores estudiantes del Liceo Unda, fui electo Presidente del Centro de Estudiantes. Dirigí la primera huelga estudiantil que se realizó contra la dictadura de entonces (1950) y que se extendió a las ciudades de Barinas, Acarigua y Barquisimeto. Me causó la expulsión por dos años de todos los liceos de la República, junto a 24 compañeros, 10 por dos años y 15 por un año. Algunos lograron la revocatoria de la sanción; me perseguía la policía política y salí a escondidas de la ciudad de Guanare. Desde entonces viví en Caracas donde me dediqué de lleno a la lucha contra la dictadura del General Marcos Pérez Giménez. Sufrí varios carcelazos, pero de no muy larga duración, ya que era un estudiante de poca significación política.

En enero de 1958, logramos el derrocamiento de la dictadura de Venezuela y ese mismo año me gradué de abogado. Seguí luchando por el bienestar del pueblo desde las filas del Partido Comunista. Era un profundo idealista y nunca tuve ambiciones por algún cargo burocrático en el Partido Comunista, tampoco para ser candidato a diputado al Congreso Nacional y ni siquiera para ser concejal en algún municipio de la República. Luchaba por una teoría idílica en cierta forma, como dijo el gran poeta alemán y socialista utópico, Enrique Heine: que había que hacer el paraíso en la tierra. En enero de 1959 triunfó la Revolución Cubana y fue un detonante para todos los pueblos de América Latina y del Caribe. Muchísimos, por no decir la mayoría, de los jóvenes de América Latina nos embelesamos, nos obnubilamos por la Revolución cubana y por la teoría y praxis del foco guerrillero.

Después de mi corta estadía en la guerrilla de la montaña, me separé del Partido Comunista, porque tenía diferencias en cómo se conducía la guerrilla, y organicé un grupo clandestino en la ciudad de Caracas. Fui detenido por tres agentes de la policía política del gobierno de Acción Democrática, para informarme de que me estaban buscando por conspirar contra el régimen constitucional. Estuve preso en los calabozos de la propia Dirección General de Policía, donde fui golpeado para que confesara quiénes más estaban conspirando conmigo. Desde luego, no delaté a nadie. A los días, fui trasladado a la cárcel de La Planta y pasado a la orden de un Tribunal de Instrucción. Como soy abogado, me defendí yo mismo y logré que el Tribunal decidiera dándome la libertad, pero con averiguación abierta y con prohibición de salida del país. Duré preso, en esta ocasión, 5 meses.

En 1966 comencé a salir de la última concha donde estuve escondido en Caracas y empecé a trabajar como abogado de cooperativas y luego, me dediqué al ejercicio general de la profesión. Por cierto, ya en esos días —mediados del gobierno de Raúl Leoni—, se rumoraba que las direcciones de los Partidos Comunista y el Movimiento de Izquierda Revolucionaria conversaban con el gobierno sobre la posibilidad del cese de las guerrillas y de una paz democrática, pues ya la lucha armada venía en decadencia. Fue al comienzo del gobierno de Rafael Caldera en 1969, cuando se logró el acuerdo de paz democrática, legalizándose de nuevo esos partidos y sus dirigentes. Poco después se produjo el nacimiento del Movimiento al Socialismo, como un desprendimiento del Partido Comunista, el cual jugó un papel importante en la democratización del país. Con varios profesionales y amigos creamos un grupo de discusión política, que denominamos Poder Popular. Publicamos un Manifiesto en el diario *El Nacional* y un periodiquito que llamamos *El Cocuyo*, de poca circulación local, el cual dirigía Raúl Esté. Al poco tiempo se disolvió este grupo y cada quien se ubicó en el partido de su preferencia o, como yo, quedamos independientes. Varios años después, el 9 de noviembre de 1989, se derrumbó el muro de Berlín; el 25 de diciembre de 1991 se disolvió la Unión de Repúblicas Socialistas Soviéticas; y por esos mismos años, se resquebrajó todo el andamiaje de las Democracias Populares, que eran las Repúblicas Socialistas del Este de Europa. A partir de esos hechos, inevitable e indudablemente, se produjo el despertar del mundo de la ensoñación de la Utopía Socialista o Comunista. Sin embargo, en algunos países de menor desarrollo o subdesarrollados— sobre todo en América Latina, donde subsisten grandes desigualdades, exagerados desniveles económicos, enormes proporciones de desempleo y gran penuria en general— dirigentes populistas proclaman el socialismo como solución a esos problemas, haciendo caso omiso del fracaso del socialismo en todos los países donde había triunfado y donde instauraron dictaduras crueles, hambreadoras y torturadoras del pueblo, en nombre de la igualdad, la libertad y la justicia. Por eso y porque la mayoría de los jóvenes, especialmente ellos, son sensibles ante las conmociones que viven estos pueblos, he escrito este ensayo para que no se dejen embelesar, obnubilar y hasta obsesionar por esa utopía, y busquen los verdaderos caminos de la democracia que, si no da todo a la vez, ha conducido a sociedades de bienestar real y concreto. El desarrollo de la sociedad no se detiene, es infinito.

Debo agregar que en enero de 1969 obtuve, por concurso de oposición, el cargo de Profesor de Historia de la Economía en la Universidad Central de Venezuela, llegando a ser Profesor Titular, que es el más alto nivel en el escalafón académico universitario. Me retiré de mi profesión de abogado y me dediqué a la docencia y a la investigación científico-social, lo que me ha permitido escribir algunos libros.

INTRODUCCIÓN

El objetivo general de las ideas, de los movimientos y de las organizaciones o partidos políticos socialistas, podemos concretarlo en la persecución y el establecimiento de una sociedad feliz de hombres libres e iguales. Es de observar que desde la Antigüedad los hombres han luchado por la libertad y la justicia, aunque en aquellos tiempos esos ideales no estaban muy claros; y era una utopía que, en la mayoría de los casos, se confundía con sentimientos religiosos, pero no dejaba de tener, en forma muy velada, algún punto atinente al Estado. Fue, por ejemplo, *El Reino Mesiánico* tal como se anunció en el Antiguo Testamento, y sobre todo *La República* de Platón y, muy especialmente, La *utopía*, de Tomás Moro, que se refieren más a la forma del Estado y a la estructura de la sociedad (1). En el curso de este libro veremos qué difícil es lograr esa sociedad justa y qué tan libres e iguales serán los hombres de esa anhelada sociedad. Entre el siglo XI y el siglo XIII, aproximadamente, surgen y se desarrollan las ciudades medievales en Europa; aparecen los gremios de oficios y en los artesanos que los conforman; se pone en marcha la manufactura, célula inicial de las futuras empresas capitalistas; emergen los dueños de la manufactura y los hombres y mujeres asalariados, y el comercio comienza a extenderse. A mediados del siglo XVIII, surge la Revolución industrial en Inglaterra y luego se extiende a varios países europeos; y en el siglo XIX pasa a Estados Unidos de América, donde casi un siglo antes había tenido lugar la Guerra de independencia. Con la Revolución industrial crecen las fábricas, el poder económico se afianza más en las mercancías que en la propiedad de la tierra. Surge la fuerza económica de la burguesía y los obreros o proletarios aumentan en número como clase, libre aparentemente, que vende su fuerza de trabajo por una remuneración que es su salario. En política aparecen los Estados nacionales modernos y las monarquías absolutas comienzan a tambalearse. En 1789 estalla la Revolución francesa y su proclama de "Libertad, igualdad y fraternidad" se esparce por el mundo, tiñendo de esperanza y dando bríos a la lucha por la independencia de muchos países colonizados, especialmente en América Latina. Esta revolución también influirá en la transformación de aquella sociedad —primero feudal y luego capitalista— realmente voraz en aquellos tiempos, mediante asociaciones y otros tipos de organizaciones que proclamaron, como forma de vida, la solidaridad y la justicia. Algunas de esas ideas que surgieron conducirían la lucha por vías pacíficas y otras por vías de violencia. Así surgió el socialismo utópico, el anarquismo, el blanquismo, el socialismo llamado *científico* —marxismo— y el socialismo democrático. Estos son los arquetipos del socialismo más expandidos tanto en la teoría como en la práctica, los cuales tomaremos en cuenta para el análisis muy general que haremos en este ensayo, ya que existen otros casos muy particulares como los del llamado socialismo incaico y el socialismo liberal. Esta última concepción expuesta por el eminente teórico político italiano, Norberto Bobbio.

La expoliación a que eran sometidos los obreros, hombres, mujeres y hasta niños, en los siglos iniciales del sistema capitalista —con jornadas de 14 y hasta 18 horas de trabajo en las fábricas, sin condiciones de salubridad, menos condiciones de asistencia social, y con salarios miserables— estimuló a muchos intelectuales y a los mismos obreros a buscar vías que pudieran mejorar esas condiciones infrahumanas de trabajo. La Revolución francesa fue, indudablemente, un impulso fundamental para que aparecieran nuevas ideas y movimientos sociales.

SOCIALISMO Y SOCIALISTAS

A raíz de la Revolución francesa aparecen muchos reformadores planteando ideas de transformación de la sociedad capitalista, donde los trabajadores tuvieran mejores condiciones de trabajo y más participación económica o, al menos, mejores salarios. Esos reformadores coincidían en algunos de esos argumentos comunes y generales como el de ser iguales y libres, pero diferían en los medios cómo obtenerlos. De ahí aparecen las palabras "socialismo" y "socialista", con una connotación política social, e irán surgiendo distintas posiciones y teorías. A los socialistas utópicos se les califica así por oposición a los llamados socialistas científicos —que serían los marxistas—, que basan su teoría en el estudio de las ciencias socioeconómicas y en la concepción filosófica del materialismo histórico. Además, a los socialistas utópicos se les llamaba así porque sus ideas se consideraban irrealizables. También surgen los anarquistas y muchos otros grupos de acuerdo a las formas y opiniones personales o colectivas que predominaban en ellos.

COMUNISMO Y SOCIALISMO

Son dos términos que se han venido utilizando indistintamente como si fueran sinónimos, pero los marxistas se refieren al socialismo como el régimen de transición que acompaña a la dictadura del proletariado hasta la transformación de la sociedad capitalista en la sociedad comunista.

PERIODIFICACIÓN DE LA HISTORIA

No está mal en esta introducción refrescar un tanto el recorrido de la Humanidad mediante la periodificación de la historia. Las más usuales y conocidas periodificaciones son la tradicional y la basada en la teoría del materialismo histórico. En la primera, la Prehistoria se separa de la Historia, por la aparición de la escritura. En la segunda, en cambio, la Prehistoria se separa de la Historia por el surgimiento de la lucha de clases. Según el concepto general y tradicional, son cuatro los grandes períodos históricos: la Antigüedad, la Edad Media, la Moderna y la Contemporánea.

1º. La historia antigua comprende el período que va desde las civilizaciones de Egipto y de Mesopotamia (IV milenio antes de Cristo), hasta la caída del Imperio romano, causada por las invasiones de pueblos bárbaros, en el siglo V después de Cristo".

2º. La Edad Media es el período de diez siglos comprendidos entre las invasiones que dieron fin al Imperio romano (siglo V después de Cristo) y la caída de Constantinopla en poder de los turcos (1453).

3º. La Edad Moderna, desde la conquista de Constantinopla

por los turcos, la invención de la imprenta, el descubrimiento de América y el Renacimiento, hasta la Revolución francesa en 1789;

4º. La Época Contemporánea desde la Revolución francesa (1789) hasta nuestros días (2).

La otra periodificación del transcurso del tiempo del desarrollo humano se realiza partiendo de la concepción del materialismo histórico. Se divide en cinco modos de producción en el orden siguiente: 1 °Comunidad Primitiva; 2º Esclavismo; 3 °Feudalismo; 4 °Capitalismo; y 5º. Socialismo (3).

Para esta concepción materialista, la gran división entre Prehistoria e Historia se realiza a partir de la división de clases en la sociedad. Asimismo, es de observar que Karl Marx estudió también el que llamó "modo de producción asiático o despotismo oriental", diferente al de comunidad primitiva y al esclavismo, teniendo algunos elementos de uno y otro. Por este motivo algunos autores lo analizan como el paso, en cierta manera, de la comunidad primitiva al esclavismo, siendo este despotismo oriental no la regla sino más bien la excepción. En lo que respecta al capitalismo, se puede subdividir en tres etapas diferentes: 1ª, capitalismo comercial o mercantilismo, a partir de finales del feudalismo y comienzos de la Revolución industrial; 2ª, a partir de esta revolución, el capitalismo industrial; y 3ª, el imperialismo a partir de comienzos del siglo XX, con los estudios que hizo Vladimir Lenin, especialmente en su libro *El Imperialismo, Fase Superior del Capitalismo*.

Es importante conocer estas periodificaciones históricas, a las que me he referido, por las luchas e ideas que se manifestaron en el curso de ellas, particularmente las desencadenadas a raíz de la Revolución francesa, como expresé anteriormente.

LA UTOPÍA SOCIALISTA O COMUNISTA

Indudablemente la teoría o doctrina socialista o comunista es una utopía que ha recogido los sueños de la Humanidad de buena fe, con muy buenas intenciones; pero en la realidad los regímenes que se han constituido bajo esa orientación han fracasado y se han convertido en dictaduras de malestar y de crueldad para los ciudadanos; incluso cuando algunas de ellas traten de pasar por democráticas y ofrezcan maravillas: solo hay que ver sus realidades miserables. Esta utopía es muy diferente a la tétrica realidad que ha surgido de ella.

Muchos hombres luchamos por esa utopía. Dimos lo mejor desde nuestra temprana juventud y hasta de nuestra madurez. Perdimos gran parte de nuestro bienestar y felicidad. Fuimos perseguidos, encarcelados y torturados. Algunos murieron en las torturas o fueron vilmente asesinados.

Seguir luchando por la utopía socialista o comunista es una insensatez, porque como utopía no se ha concretado ni concretará en ninguna parte del mundo, como se ha demostrado, y como en realidad han sido y serán regímenes que traerán hambre y malestar a la sociedad, infelicidad a los seres humanos; y la libertad y la igualdad —que tanto predican— han sido, son y serán atropelladas por ellos.

Nuevos caminos se abren a la Humanidad, a pesar de los tiempos borrascosos que atravesamos.

CAPÍTULO I

EL SOCIALISMO A TRAVÉS DE LA HISTORIA.

ACÁPITE 1

SOCIALISMO EN LA ANTIGÜEDAD, LA EDAD MEDIA Y LA MODERNA

El socialismo como organización política no existió en la Antigüedad, en la Edad Media ni en la Edad Moderna. Las sectas, comunas o monasterios, se regían en general por reglas con tinte religioso y, en cierta medida, comunista: "a cada uno se le da conforme a su necesidad, y a cada uno se le pide que contribuya conforme a su capacidad. Todos en la comunidad disfrutan de los mismos derechos y oportunidades" (4). Pero se quedaban en pequeños grupos o conciliábulos, nunca trascendieron a movimientos sociales o políticos. Los esenios, de origen judío, que aparecieron a partir del siglo II a. d C., fueron una secta especial, que realizaron "la tentativa de implantar el comunismo en la vida práctica" (5). Otra secta fue la de los carpocráticos, que eran cristianos y mantuvieron viejas concepciones y tradiciones. Operaban en Egipto y África del Norte, teniendo como sede principal la ciudad de Alejandría. No reconocían los principales dogmas cristianos, aunque mantenían una moral ascética y despreciaban las riquezas. Ninguna de estas sectas tuvo mayor trascendencia.

Hubo otras experiencias utópicas que, además de las referencias religiosas, también se referían al Estado y a la sociedad. Encontramos en *La República* y en *Las Leyes*, de Platón, normas para reformar la estructura del Estado, con miras a hacerlo más efectivo y con mejores controles y aplicación. Así lograr mejor forma de justicia y una sociedad más organizada y de más bienestar para sus ciudadanos. "Platón buscó sentar las bases de un Estado donde la felicidad estuviese garantizada a todos y no a un grupo social. Con vista a fin tan elevado era necesario llevar a los ciudadanos, sin distinciones, a cumplir cabalmente la función asignada a cada uno de acuerdo con el metal que el destino hubiese puesto en su alma." (6); de tal manera que cuando el Estado marchara regularmente bajo esas normas y principios, cada cual disfrutaría de la felicidad que le ha atribuido la naturaleza. Sobrentendiéndose que era una democracia para los amos; no, desde luego, para los esclavos.

También, obra muy importante fue *La Utopía*, de Tomás Moro, quien profundizó en una estructura social y estatal socialista, aplicando la moral de los padres de la iglesia y la filosofía del humanismo. A través de esta obra, Moro hace una crítica a la sociedad inglesa y a la sociedad en general de su época, enumerando las plagas y los males de aquellos tiempos, especialmente los de su propio país. Criticó duramente la propiedad privada.

En esa época hubo otras utopías como *La Ciudad del Sol*, del italiano Tomasso Campanella, y la Nueva Atlántida del inglés Francis Bacon, conocido como lord Bacon; pero que no tuvieron la trascendencia de Platón y de Tomás Moro.

ACÁPITE 2

EL SOCIALISMO EN LA ÉPOCA CONTEMPORÁNEA

A finales del siglo XVIII se inicia el desarrollo de la Revolución industrial en Inglaterra. Luego se extiende por varios países de Europa, la cual, si bien significó un grandioso progreso para la Humanidad, también trajo una explotación inmerecida y casi inhumana para los trabajadores incluyendo mujeres y niños: jornadas de 12 y 18 horas diarias, con salarios reducidos, insalubridad e inadecuadas condiciones en los sitios de labor. No se les permitía a los trabajadores reclamo ni organización laboral alguna (7).

Algunos intelectuales sensibilizados por la explotación a que eran sometidos los trabajadores, viendo la injusticia que para los obreros traía el nuevo sistema capitalista, y desde 1789 influenciados indudablemente por la Revolución francesa y su proclama de "libertad, igualdad y fraternidad", comenzaron a pensar cómo mejorar o acabar con esta situación social injusta. Así aparece el socialismo y los socialistas contemporáneos con ideas y métodos, muchas veces diferentes, para abordar la cuestión.

SOCIALISMO UTÓPICO

Inicialmente surgen los socialistas asociacionistas que después van a ser señalados como socialistas utópicos, porque sus planteamientos —se creía entonces— que no lograrían resolver la situación, ya que no eran otra cosa que prácticas comunitarias y cooperativas para mejoramiento y para tratar de librarse de la injusta explotación. Además, Marx y Engels descubren el socialismo científico, a partir de la ciencia económica y el materialismo histórico, el cual, en cierta manera, contraponen al socialismo utópico (8).

Entre los socialistas utópicos descollaron Roberto Owen, inglés, (1771-1858), Charles Fourier, francés (1760-1837), y el conde Henri de Saint-Simon, igualmente francés (1760-1825). Owen propugnó mejoras para los trabajadores y él mismo las aplicó en sus empresas; y aconsejó a los obreros organizar cooperativas de producción agrícola. De 1818 a 1821 escribió artículos de periódicos, folletos y exposiciones para el gobierno inglés, donde expuso sus ideas sobre la organización de los obreros, el mejoramiento de sus condiciones de trabajo y sobre la educación de los trabajadores. En 1824 se retiró de los negocios y se dedicó en Inglaterra y Norteamérica a fundar colonias comunitarias, pero fracasaron. No obstante, sus ideas sirvieron a los trabajadores como críticas a la sociedad y a la economía de la época, y su plan de cooperativas contribuyó más tarde a la fundación de cooperativas de consumo. También contribuyó a la fundación de los sindicatos (*trade unions*) en Inglaterra.

Charles Fourier fue también un socialista que trazó planes

de asociación, los cuales debían sacar al hombre del caos y de la situación crítica que vivía en la sociedad. Decía que la redención humana dependía del paso a la asociación. Propuso un nuevo orden constituido por comunidades agroindustriales de aproximadamente 2.000 personas, que se alojarían en los que denominó "falansterios".

Saint-Simon, era un economista de ideas más que todo liberales; sin embargo, tuvo una gran ascendencia en los revolucionarios socialistas de aquella época. Se le catalogó como socialista utópico, al lado de Owen y Fourier, e influyó más tarde en la creación de cooperativas. Decía que la propiedad privada sería buena en cuanto cada individuo recibiera una retribución en función de su capacidad, proclamaba la abolición de los derechos hereditarios y propiciaba la formación de una asociación para impedir la guerra. Influyó mucho en sus ideales pacifistas, el derramamiento de sangre en la Revolución francesa y el militarismo de Napoleón Bonaparte. Saint-Simon "formuló un modelo de socialismo tecnocrático, regido por ingenieros y hombres de ciencia" (9).

ANARQUISMO

Es una filosofía política y un repertorio de prácticas que proponen una sociedad fundamentada en la ayuda mutua, la libertad y la igualdad. Propicia la desaparición del sistema capitalista y del Estado burgués, mediante la acción revolucionaria, con la inmediata toma del poder por los trabajadores armados, ocupando fábricas y demás medios de producción. "En lugar del Estado, después de la revolución, existiría una federación de unidades de producción regidas por trabajadores revolucionarios y se formaría una confederación mundial de tales federaciones" (10). Vendría a ser una especie de socialismo sui géneris que difiere del socialismo utópico y del socialismo marxista-leninista. Surge en Europa a mediados del siglo XIX y su importancia dura hasta la primera mitad del siglo XX.

Existen tres corrientes fundamentales de esta filosofía política. El anarquismo individualista no acepta nada por encima del individuo, quien es superior al Estado y se rebela contra los niveles jerárquicos. El medio de lucha del anarcosindicalismo es el sindicato y su vía fundamental la huelga. El anarcocomunismo plantea la lucha por medios violentos fundamentalmente.

En la Comuna de París (18 de marzo a 28 de mayo de 1871) —considerada primera experiencia de gobierno autogestionario anarco-comunista— jugaron un papel muy importante los anarquistas de entonces. En los acontecimientos acaecidos en la plaza de Haymarket, en Chicago el 4 de mayo de 1866 —a raíz de los cuales se logró imponer la jornada de 8 horas diarias laborables—, también jugaron papel importante los militantes anarcocomunistas y anarcosindicalistas, muchos de ellos inmigrantes europeos. Desde el 1 de mayo de 1886 habían comenzado las manifestaciones a lo largo y ancho de Estados Unidos, las cuales llegaron a 5.000 puntos de huelga, con aproximadamente medio millón de trabajadores. Hubo 7 policías muertos y 50 heridos, y de los trabajadores hubo 38 muertos y 300 heridos. 8 anarquistas fueron encarcelados y condenados a muerte.

También en Italia a finales del siglo XIX hubo muchas intentonas revolucionarias, dirigidas por anarcocomunistas. En España, en la primera mitad del siglo XIX hubo varias organizaciones anarquistas, entre ellas, la Asociación Internacional del Trabajo, la Cruz Negra Anarquista y la Confederación Internacional del Trabajo. Predominaron en ellas los anarcoindividualistas y los anarcosindicalistas que tomaron industrias en Cataluña, y durante la Guerra Civil Española participaron en defensa de la República.

Entre los más destacados anarquistas figuran los siguientes: Mijaíl Bakunín, ruso, que fue uno de los fundadores de la Asociación Internacional del Trabajo —la Primera Internacional—, en 1864, junto con Karl Marx y otros socialistas. Dentro de los anarquistas importantes, también figuran: Pierre Joseph Proudhon, francés; Louis-Auguste Blanqui, francés; Piotr Kropotkin, ruso; Luis Blanc, francés; Errico Malatesta y Giuseppe Fanelli, italianos; Dopado Montero y Federico Urales, españoles; Henry David Thoreau y Lisander Spooner, estadounidenses; y William Godwin, inglés, quien fue el precursor del anarquismo.

SOCIALISMO CIENTÍFICO O MARXISMO

Karl Heinrich Marx (l818-1883), economista, filósofo, sociólogo, periodista, político comunista, alemán de origen judío, y Friedrich Engels (1820-1895), industrial, filósofo y político comunista, son los padres del socialismo científico, conocido como marxismo.

Unos años después, a partir de mediados del siglo XIX, los dos grandes pensadores alemanes Karl Marx y Friedrich Engels comenzaron a dar a las teorías socialistas una base más sólida, mediante la aplicación de la ciencia económica a la crítica del sistema capitalista y la utilización de un método denominado *materialismo histórico* para el análisis de la evolución social. En mayor grado que sus predecesores utópicos, supieron convencer a grandes contingentes de obreros organizados. En gran medida bajo su influencia se fundó en 1864 la Asociación Internacional de Trabajadores o Primera Internacional (11).

Aparte de las obras escritas por estos dos socialistas, conjuntamente escribieron *El manifiesto comunista*, que tuvo una gran trascendencia mundial, sobre todo, entre las clases trabajadoras. Estos son los aportes del socialismo marxista:

1. Que la existencia de las clases sociales va unida a las fases históricas del desarrollo de la producción.

2. Que la lucha de clases conduce necesariamente a la dictadura del proletariado.

3. Que esa dictadura no es sino el tránsito hacia la abolición de las clases sociales y al establecimiento de la sociedad sin clases o comunismo.

4. Que siempre en la historia de la Humanidad ha habido la lucha de clases: hombres libres y esclavos, patricios y plebeyos, nobles y siervos, maestros artesanos y jornaleros, en una palabra, opresores y oprimidos.

5. Que lo primario es la materia, no el espíritu ni la idea, que lo ideal es lo material traspuesto y traducido a la cabeza del hombre (materialismo dialéctico) (12).

Para comprender mejor el origen y el desarrollo del marxismo o socialismo científico, considero interesante conocer algo de la Liga de los Comunistas y de la Primera, Segunda y Tercera Internacional que trataré a continuación.

Previamente a la Liga de los Comunistas existió en Alemania La Liga de los Proscritos, que se dividió en un ala derecha (demócrata-nacional) y en un ala izquierda (revolucionaria internacionalista). En 1836 se produjo la escisión que se fundó clandestinamente en París —con emigrados alemanes— la Liga de los Justos, la cual tomará como lema: "Todos los hombres somos hermanos". Su teórico principal hasta entonces, Wilhelm Weitling, señalaba a la clase obrera como protagonista de la revolución que habría de traer una sociedad comunista, basada en asociaciones de familias con comunidad de bienes e ideales cristianos. No coincidía con los socialistas utópicos, porque eran reformistas. En el congreso de esta Liga de los Justos, realizado en Londres en 1847 —a propuesta de Karl Marx y Friedrich Engels— cambiará su nombre por el de Liga de los Comunistas. La Liga les encomendará a ellos mismos la redacción de un programa de lucha, que escribieron bajo el nombre de *El manifiesto comunista*. Aprobado por la Liga, fue dado a conocer en 1848. Allí se contemplan las ideas y tareas fundamentales para la revolución comunista y se deslinda, claramente, el marxismo de las otras formas de socialismo. El nuevo lema será: "¡Proletarios de todos los países, uníos!" (13).

La Asociación Internacional de los Trabajadores (AIT), más conocida como la Primera Internacional, fue fundada en 1864, agrupando inicialmente a sindicalistas ingleses, anarquistas y socialistas franceses y de otros países, e italianos republicanos. Fracasó tanto por las disputas internas entre marxistas y anarquistas, como por la represión de los gobiernos europeos y tras el desarrollo de la Comuna de París (14).

La Segunda Internacional se fundó el 14 de julio de 1889 por los partidos socialistas y laboristas. Gozó internamente de la más amplia libertad; por eso, en su seno se debatían las ideas del socialismo democrático, del laboralismo, de la socialdemocracia, del revisionismo socialista y del internacionalismo. En 1872 los anarquistas fueron expulsados. Se convirtió en un campo de batalla entre los socialistas libertarios y los socialistas autoritarios. El revisionismo socialista tuvo influencia preponderante en esta Segunda Internacional. Por las variadas y múltiples discusiones, se fue disolviendo y sobre todo por las diferencias que surgieron, con motivo del estallido de la Primera Guerra Mundial, cuando los reformistas nacionalistas se pusieron al lado de la guerra y los socialistas internacionalistas se opusieron a aquella. Se habían formado, producto de las divisiones, tres especies de Internacionales, cuyos comités ejecutivos se reunieron en Berlín los días 2 y 5 de abril de 1922; y así, prácticamente, se disolvió la Segunda Internacional. Destacados dirigentes de aquel entonces participaron en esta Segunda Internacional. Entre ellos, citaré los siguientes: de Alemania, Augusto Bebel, Karl Kausky, Karl Liebknecht, Wilhelm Liebknecht, Rosa Luxemburgo y Clara Zetkin; de España, Pablo Iglesias Posse; de Francia, Jean Allemane, Jules Guesde, Jean Jaurés y Eduard Vaillant; de Rusia, Vladimir Lenin y Gueorgui Plejanov; de Austria, Víctor Adler y Karl Renner; de Países Bajos: Anton Pannkoek y Pieter Jelles Troelstra. (15)

La Internacional Comunista, conocida también como la Tercera Internacional —llamada en ruso *Komintern*—, fue fundada en Moscú en marzo de 1919, por iniciativa de Lenin y del Partido Comunista Ruso (Bolchevique), agrupaba a partidos comunistas de diferentes países. Uno de los motivos argumentados para su creación fue la ruptura entre los socialistas revolucionarios (internacionalistas) y los reformistas que, al comienzo de la Primera Guerra Mundial, apoyaron a los gobiernos de sus países en la participación en la guerra. Tras su fundación estableció su sede en Petrogrado. Los objetivos de esta Internacional, según sus estatutos, fueron la supresión del sistema capitalista, el establecimiento de la dictadura del proletariado y la República Internacional de los Soviets, la abolición de las clases sociales y la realización del socialismo, como paso previo para llegar a la sociedad comunista. En su segundo congreso, acordó "luchar por todos los medios disponibles, incluida la fuerza armada, para el derrocamiento de la burguesía internacional y la creación de la República Soviética Internacional, como estadio de transición hacia la abolición completa del Estado" (16).

CAPÍTULO II

EL DERRUMBE DE LA TEORÍA DEL SOCIALISMO CIENTÍFICO O DE LA UTOPÍA COMUNISTA DE KARL MARX Y FRIEDRICH ENGELS.

ACÁPITE 1

ELIMINACIÓN DE LA PROPIEDAD PRIVADA DE LOS MEDIOS DE PRODUCCIÓN

Como punto sine qua non el socialismo se ha planteado la eliminación de la propiedad privada de los medios de producción, porque así desaparecería el modo de producción capitalista y la sociedad dividida en clases. "Los proletarios no pueden conquistar las fuerzas productivas sociales, sino aboliendo el modo de apropiación que les atañe particularmente y, por tanto, todo modo de apropiación en vigor hasta nuestros días. Los proletarios no tienen nada propio que salvaguardar; tienen que destruir todo lo que hasta ahora ha venido garantizando y asegurando la propiedad privada existente" (17). Por eso, los regímenes gubernamentales socialistas tienen dentro de sus objetivos principales la expropiación de las empresas privadas y las tierras agrícolas y pecuarias en manos particulares, pagando en el mejor de los casos a los dueños el valor determinado de acuerdo a las normas establecidas de las correspondientes leyes de cada país; sin embargo, generalmente, las expropian sin pago alguno. Los Estados socialistas se apoderan de esas empresas y las entregan a los trabajadores bajo alguna forma legal, pero reteniendo, en última instancia, la propiedad estatal sobre éstas. Estas empresas industriales o comerciales y las fincas agrícolas o pecuarias que en manos privadas estaban en plena producción, devienen en la ruina o en una escasísima producción que ni alcanza para cubrir los gastos de sus trabajadores. Por lo tanto, estos regímenes socialistas que ofrecen demagógicamente eliminar la corrupción, eliminar el desempleo, acabar con la pobreza, traer la felicidad y el bienestar a la población, terminan en lo contrario a sus ofrecimientos y empeorando la situación, especialmente de los pobres y de la clase media. Como ejemplo de este demagógico y malhadado régimen de gobierno, está el socialismo del siglo XXI de Venezuela, proclamado y dirigido por el Teniente Coronel Hugo Chávez Frías —hoy difunto—, su heredero Nicolás Maduro y un puñado de adláteres militares y civiles.

La eliminación de la propiedad privada de los medios de producción es como un termómetro que algunos autores usan para afirmar o negar si un régimen es socialista. En todo caso, si tal régimen ha comenzado, al menos, el proceso de expropiación de algunas empresas privadas será la señal de un gobierno socialista. Las expropiaciones generalmente son violentas, porque los gobiernos socialistas se niegan a pagar el valor de las empresas o fincas expropiadas. "El socialismo no avanza un centímetro, como idea encargada de transformar la sociedad, sin que la propiedad colectiva sea reconocida, entronizada de alguna manera en los registros legales. Solo cuando se quiebra el espinazo que significa la propiedad privada señoreada o reinante en los mecanismos o riquezas esenciales de una economía, el socialismo pasa de las intenciones platónicas a la esfera de las realidades. Y para sustraerle a la burguesía las riquezas básicas de una sociedad, aquellas que esa clase ha manejado desde hace siglos, se necesita un grado de violencia o de presión casi sangrienta que desborda los marcos de cualquier orden legal" (18). Pero estas expropiaciones de la propiedad privada traen trabajadores desempleados, escasez de los artículos producidos, hambre y crisis en la economía del país, como se ha visto en Cuba, Venezuela y en cualquier sociedad con gobierno socialista o comunista, que viene siendo lo mismo, además de las persecuciones y las violaciones a los derechos humanos.

Las empresas capitalistas no han podido ser eliminadas por revoluciones, por más violentas que hayan sido, ni por leyes y decretos. Vuelven a surgir porque son necesarias en los momentos actuales para la producción de alimentos y de artículos imprescindibles. Sucedió en la Revolución rusa y en la Revolución china; en esos países resurgió la propiedad privada después de tantos años de trasformaciones revolucionarias y de tantos sacrificios de aquellos pueblos, e igual en todos los otros países que habían tomado el camino de la transformación socialista. Aunque la empresa privada, en sus orígenes, sometió a sus trabajadores a infrahumanas condiciones laborales, hoy las condiciones de trabajo en esas empresas privadas están siendo sometidas a reglamentaciones favorables a la clase proletaria. Más adelante volveremos sobre esta situación.

La propiedad privada— y no me refiero a la propiedad privada de bienes personales sino a los medios de producción— surgió hace milenios en la Antigüedad, con la transformación del modo de producción de la comunidad primitiva al esclavismo; cuando se pasa de un comunismo primitivo, sin clases, a una sociedad donde aparece la división en clases sociales; el modo de producción asiático en algunas partes y el modo de producción esclavista, con sus diferentes matices, en otras partes (19). Y esa aparición de la propiedad privada no fue impuesta por la fuerza sino como una necesidad para la producción de más bienes que requería la sociedad en su crecimiento indetenible. Los medios de producción en aquellos tiempos los podemos ubicar en la tierra, en los esclavos, en los animales como fuerza de tracción y en algunos útiles rústicos. En la Edad Media avanzan las fuerzas productivas, pero sigue siendo la tierra, como recurso natural, el medio de producción más importante por la agricultura y la ganadería; y, por otra parte, aparecen los artesanos. Las relaciones entre los hombres se transforman entre siervos y nobles feudales. Al pasar varios siglos, en la llamada Baja Edad Media, se crea la manufactura, la cual despojará a los artesanos de la propiedad de sus medios de producción (útiles de trabajo y materia prima), haciéndolos trabajadores dependientes, que venderán su fuerza de trabajo al propietario de la manufactura (20). Al final de la Baja Edad Media, el gran desarrollo de la manufactura dará lugar al capitalismo manufacturero, comercial o mercantil, con el cual el artesano se convierte en el asalariado o proletario de los tiempos modernos y la manufactura se transforma en la empresa capitalista. Como vemos las fuerzas productivas avanzaron y los medios de producción fueron cambiando con los sistemas económicos e influenciando las relaciones laborales (21). No será fácil, pues, abolir la propiedad privada de los medios de producción; y si eso fuere posible, pasarían milenios, así como pasaron para que apareciera en el mundo la propiedad privada y la sociedad dividida en clases. Es por eso, entre otras razones, que la utopía socialista, como tal, ha fracasado.

ACÁPITE 2

LA TOMA VIOLENTA DEL PODER

Ya desde 1848 Karl Marx planteaba que los trabajadores eran oprimidos por los dueños de las empresas privadas; que existía una guerra civil oculta en la sociedad existente para aquella época, la cual se transformaría "en una revolución abierta y el proletariado, derrocando por la violencia a la burguesía", implantaría su dominación (22). Con los tiempos y los cambios políticos, sociales y económicos, las formas violentas o legales de la llegada al poder por los partidos socialistas o comunistas, tomarán diferentes matices. A lo largo del siglo XX y de lo que va del siglo XXI, sin tomar en cuenta los sangrientos hechos del triunfo y la derrota de la Comuna de París en 1871— la mayoría de los triunfos de esos partidos se debieron a la insurgencia armada militar o civil o en unión de ambos sectores. Muy pocos llegaron por la vía electoral. Ningún partido de los llamados socialistas democráticos o socialismo en libertad ha transformado en algún país capitalista el orden imperante. "El socialismo no avanza un centímetro, como idea encargada de transformar la sociedad, sin que la propiedad colectiva sea reconocida, entronizada de alguna manera en los registros legales. Solo cuando se quiebra el espinazo que significa la propiedad privada señoreada o reinante en los mecanismos o riquezas esenciales de una economía, el socialismo pasa de las intenciones platónicas a la esfera de las realidades. Y para sustraerle a la burguesía las riquezas básicas de una sociedad, aquellas que esa clase ha manejado desde hace siglos, se necesita un grado de violencia o de presión casi sangrienta que desborda los marcos de cualquier orden legal" (23). Por más que estos socialismos democráticos mejoren los salarios, implanten sistemas de seguridad social, mejoren el sistema sanitario, mejoren la educación y propicien el bienestar general, sigue en vigencia el sistema capitalista. Nada entraña un paso definitivo que quite a los propietarios el control y disfrute de la propiedad privada de los medios de producción y aún más, en cierta manera, de la fuerza de trabajo, es decir, de la capacidad de compra de la mano de obra del trabajador. Por eso, para la concepción marxista del poder se hace necesaria la aplicación de la violencia para el dominio total de la sociedad, lo que es el objetivo principal del socialismo como etapa transitoria para llegar al comunismo. "Al conquistar lo que se asienta en la violencia —aunque con diferentes grados de aplicación de acuerdo a las condiciones históricas— no se puede prescindir de la violencia, trátese de la violencia efectiva o potencial e incluso de la amenaza de la violencia" (24).

ACÁPITE 3

LA DICTADURA DEL PROLETARIADO

Ya a finales del siglo XIX, en las reuniones de la Segunda Internacional, se discutía el proceso de transición del capitalismo al comunismo, que según Lenin, sería muy largo y sería conducido por la dictadura del proletariado. Muchos dirigentes socialistas, entre ellos Rosa Luxemburgo, sostenían contra Lenin y Trotsky, que ese período debía ser democrático y debía mantener la libertad de expresión, entre otros derechos fundamentales. Sin embargo, los partidarios de la plena y absoluta dictadura del proletariado argüían que aún con el triunfo de la revolución socialista pervivía la lucha de clases, con la diferencia de que ahora la clase dominante era el proletariado. "Se trata de una dictadura, es decir, de un poder que no se apoya en la ley ni en las elecciones sino directamente en la fuerza del proletariado armado. Su objetivo es reprimir las clases o grupos sociales que se oponen a la realización del socialismo. Pero no es solo la violencia lo que define la dictadura del proletariado. Veamos lo que dice Lenin al respecto: '… La esencia de la dictadura del proletariado no reside solo en la violencia. Su esencia fundamental reside en la organización y disciplina del destacamento avanzado de los trabajadores, de su vanguardia, de su único dirigente: el proletariado. Su objetivo es construir el socialismo, suprimir la división de la sociedad en clases, convertir a todos los miembros de la sociedad en trabajadores, destruir la base sobre la que descansa la explotación del hombre por el hombre" (25). En los países donde se ha implantado el régimen socialista, la dictadura no ha sido del proletariado ni siquiera del partido, ha sido del buró político y, en la realidad, se ha convertido en la dictadura de un hombre, el secretario general. En el caso de la Unión Soviética fue Iósif Stalin; en el caso de China fue Mao Tse Tung y en el caso de Cuba fue Fidel Castro, y así todos esos regímenes, al final, evolucionan en ese sentido. Todo gobierno que funciona sin libertad y sin los derechos fundamentales del ser humano, tarde o temprano, termina mal.

EL TRIUNFO DE LA REVOLUCIÓN SOCIALISTA DEBERÍA HABER SIDO EN LOS PAÍSES DE MAYOR DESARROLLO.

Se pensó durante la segunda mitad del siglo XIX y en los primeros años del siglo XX que esa gran revolución socialista estallaría y triunfaría en alguno de los cuatro países más desarrollados de entonces (Francia, Alemania, Inglaterra o Estados Unidos). Pero para sorpresa de los grandes teóricos del marxismo, esa gran revolución estalló y triunfó en la Rusia zarista, a finales de la Primera Guerra Mundial. Causó sorpresa el triunfo de la revolución, porque Vladimir Lenin, jefe y caudillo de la misma, era uno de los más ortodoxos seguidores del marxismo, y Rusia era un país de un muy incipiente capitalismo, con una predominante formación social feudal. Lenin, siendo un buen estratega político, se aprovechó de las condiciones que le brindó la primera guerra mundial, y esgrimió como argumentación para justificar el salto histórico que violentaba el esquema marxista, que la revolución había triunfado por el eslabón más débil del capitalismo. "Todos los marxistas, desde 1917, se habían dado a la tarea de explicar las nuevas razones por las cuales funcionó de otra manera, la predicción marxista sobre la instauración del socialismo, elaborada 58 años atrás. Para él, —se refiere a Lenin— la ruptura del orden capitalista no necesariamente debía producirse en los países maduros del sistema, sino en 'el eslabón más débil de la cadena', que en 1917 era la Rusia zarista" (27). Esta condición atípica y excepcional se convirtió en la regla desde entonces, lo cual va a traer problemas muy graves en el desarrollo y devenir de esas revoluciones y de esos socialismos. Todas ellas, a corto o mediano plazo, acabaron con las economías de sus países; trajeron hambre, desempleo y sufrimientos a esos pueblos; y la libertad y la igualdad proclamadas, la justicia social y el bienestar, fueron consignas populistas, que una vez nos embelesaron para luchar por esas revoluciones a costa del sacrificio, de la cárcel, la tortura y, en muchos casos, hasta de la muerte. Citaré una de esas dictaduras por ser quizás la de mayor represión en los anales históricos del socialismo; para que se vea a los extremos que se puede llegar cuando el idealismo se convierte en dogmatismo, y hasta el asesinar puede justificarse como medio para conquistar la utopía, la cual así se convierte en su caricatura cruel e inhumana. En cuatro años (1975-1979) del gobierno de los jemeres rojos (*Khmer Rouge*), en Camboya, Kampuchea, en la península de Indochina —liderado por Pol Pot, cuyo nombre verdadero en jemer, fue Saloth Sar— se produjo el conocido como Genocidio de Camboya, donde murieron de 1.500.000 a 2.000.000 de personas por ejecución, trabajos forzados, enfermedades no atendidas o hambruna. Bajo la influencia de las ideas de Lenin y Mao Tse Tung se proclamaba un socialismo de corte agrario, idealista y populista, pero que terminó en una dictadura cruel y sanguinaria (28).

Por otra parte, en los países industrialmente avanzados, precisamente ese gran desarrollo capitalista enerva a los trabajadores, disminuyendo profundamente su interés por una revolución que, lo más seguro, viene a incomodar sus condiciones de bienestar. Además de los obreros, los empleados forman también parte de la clase trabajadora, algunos técnicos y profesionales universitarios, que pueden ser catalogados inclusive como clase media, y a quienes, por en su mayoría realizar sus labores en oficinas, se les ha llamado en inglés *White Collar Workers*. Generalmente, estos trabajadores se encuentran mucho más integrados al sistema del bienestar y, en cierta manera, alienados al consumismo motivado por la alta producción y las costumbres de la sociedad capitalista. "Todos estos fenómenos indican que la integración de la oposición, la absorción del potencial revolucionario, no es solo un fenómeno superficial, sino que encuentra su fundamento material en el mismo proceso productivo, en el propio cambio del modo de producción" (29). Esta circunstancia engendrada por el propio desarrollo industrial, se convierte en una traba que en vez de facilitar el cambio del modo de producción capitalista al modo de producción socialista, lo entorpece de alguna manera. Volviendo, pues, al enervamiento del proletariado y a su integración al sistema, cabe reflexionar sobre lo siguiente: "Lo cual significa que debemos plantearnos el problema de si es posible una revolución en donde la necesidad vital de una revolución ha dejado de existir. En realidad, la necesidad vital de la revolución es algo muy diferente de las necesidades vitales de mejoramiento en las condiciones de trabajo, de disponer de mayor cantidad de bienes, de tiempo libre, de libertad y de satisfacción dentro de las estructuras existentes. ¿Por qué la transformación de lo existente tiene que ser una necesidad vital para los que dentro de lo existente tienen o pueden llegar a tener casa propia, automóvil, televisor y vestido y comida en cantidad suficiente?" (30).

ACÁPITE 5

LA PLUSVALÍA Y LA ACUMULACIÓN DE CAPITAL

Adam Smith, en su obra maestra *La riqueza de las naciones*, afirmaba que si una nación ahorraba e invertía en más máquinas (bienes de capital), más ahorro (capital financiero) y más educación (capital humano), sería capaz de producir más y mejor. En otras palabras, podríamos decir que sería acumulación de capital. Marx afirmaba que la acumulación de capital fue la causante de la separación de los medios de producción (máquinas, artefactos, materiales de trabajo, etc.) de los productores directos (31).

Vimos en internet, una definición sencilla de plusvalía: "En esencia, es el valor no pagado del trabajo del obrero que crea un subproducto —del cual se apodera el empresario—. Dicho de otra forma, la esencia de la explotación o acumulación capitalista" (32). La plusvalía se supone que mide el costo del producto, pero no su valor de cambio, que lo obtiene al entrar en circulación comercial. Además, en la producción de los bienes se debe tomar en cuenta también el capital invertido (locales de trabajo, maquinaria, materia prima o elaborada, etc.). Otra definición sencilla de la plusvalía es la del economista Luis Segal, que dice: "El valor inicial experimenta un aumento porque el valor creado por el obrero en la producción sobrepasa al de su fuerza de trabajo. Este excedente creado por el obrero en relación con el valor de su fuerza de trabajo, o sea la diferencia entre el valor creado por el obrero y el valor de su fuerza de trabajo, forma la plusvalía" (33). Y dice también que el obrero trabaja gratuitamente para el capitalista una parte de su jornada, de cuyo valor creado se apropia el capitalista, lo cual constituye la explotación del obrero. Vista superficialmente esta definición pareciera perfecta, pero, a mi criterio, luce sesgada social y económicamente, porque no toma en consideración los otros factores, aparte de la fuerza de trabajo que intervienen en la producción. Claro que en el fondo la plusvalía significa que hay parte de lo producido que deja de remunerarse al trabajador.

Dentro de la acumulación capitalista hay que aclarar lo de la llamada acumulación originaria que "no es, pues, más que el proceso histórico de disociación entre el productor y los medios de producción" (34). Para comprender mejor este proceso de acumulación originaria de capital, se debe precisar que el primer desarrollo fue la separación del trabajo artesanal del trabajo agrícola, que tuvo por centro la ciudad medieval, produciéndose un deslinde entre la vida urbana y la vida rural. El segundo paso se da dentro de la ciudad cuando se realizan las subdivisiones de los diferentes oficios y se separa la actividad comercial de la artesanal, formándose múltiples corporaciones o gremios. Y luego el tercer paso fue el nacimiento de la manufactura, la cual, siglos después, dará lugar al surgimiento de la fábrica industrial capitalista moderna.

De por sí la manufactura requirió la inversión de un capital mayor que el empleado en las industrias artesanales individuales o gremiales. Este capital se fue acumulando por las operaciones de la industria artesanal y del comercio, por el despojo de las tierras, por los tipos exorbitantes de interés de la deuda pública, los que permitieron a los banqueros internacionales, por su gran sagacidad, cosechar beneficios fabulosos y prevenir la repudiación de las deudas. Estas ganancias fueron factores importantes en la acumulación de capital. Según mi criterio, el capital que se reunió para invertir en la manufactura forma parte inicial de la acumulación originaria. Luego la manufactura contribuirá a la acumulación del capital necesario para el posterior proceso industrial maquinizado (35). Este proceso industrial maquinizado en la medida que va progresando con el paso del tiempo y el avance de la ciencia y la técnica, traerá como consecuencia una mayor acumulación de capital.

En cuanto al proceso de producción de la plusvalía, Marx dice: "Como el valor de los elementos de producción es igual al valor del capital desembolsado, resulta en realidad una redundancia decir que el remanente del valor del producto sobre el valor de sus elementos de producción equivale a la valorización del capital desembolsado, o sea, a la plusvalía obtenida" (36). Y si la plusvalía depende para ser producida solamente de la fuerza de trabajo, tiene razón Marx para afirmar que el salario que recibe el trabajador no cubre, digamos nosotros, ni siquiera la mitad del valor de la plusvalía producida. ¿Y entonces cómo quedaría el aporte del valor de los elementos de producción —máquinas, utensilios menores, materia prima o elaborada, locales, servicios de agua y de electricidad, etc. — y, además, la capacidad de organización, y gerencia del propietario? Me parece que se debería poner en otra balanza el valor de la plusvalía que produce el trabajador, sin desmedro de la alta contribución de su fuerza de trabajo. Por otra parte, sin que disminuya la admiración que tengo por Karl Marx como pensador e investigador científico social, me atrevería a decir que a pesar de todas sus fórmulas, es muy difícil, por no decir imposible, determinar con exactitud matemática el valor de la plusvalía producida por la fuerza de trabajo del obrero y del trabajador de cuello blanco (37). Todo lo cual se complica aún más, con el gran impulso que en el siglo XX y en lo que va del siglo XXI, ha dado la ciencia y la tecnología a la producción de bienes y servicios, y el gigantesco crecimiento comercial de estos últimos tiempos.

Como la plusvalía tiende a confundirse con la ganancia es importante establecer la diferencia. La plusvalía es un valor que el trabajador produce y que el capitalista no le paga, de acuerdo a la concepción de Karl Marx . La ganancia es un beneficio o provecho que se obtiene de un bien o servicio. La plusvalía se da solo en la producción mientras que la ganancia, generalmente, se da en la circulación comercial, aunque algunas veces, en ciertas circunstancias, la plusvalía puede coincidir con la ganancia. "¿Cómo se transforma la plusvalía en ganancia? Si el precio de la mercancía coincide con su valor, la ganancia es igual a la plusvalía. En caso contrario, si el precio se diferencia del valor, la magnitud de la ganancia se diversifica también correlativamente de la plusvalía. Como resultado, da la impresión de que la ganancia se crea en la esfera de la circulación." (38). No solo da la impresión, sino que ciertamente así es como ocurre. Por eso más adelante, se lee en el internet, que la tasa de la ganancia se obtiene, porque "se vuelca a la circulación una suma de valor para extraer de ella una suma de valor mayor. El proceso que genera esa suma de valor mayor es la producción capitalista; el proceso que la realiza es la circulación de capital" (39). Puede que los márgenes de ganancia, en algunas o muchas ocasiones, no sean especulativos, pero el capitalismo sigue siendo capitalismo, sigue generando plusvalía y sigue explotando la fuerza de trabajo. No obstante, la explotación de la fuerza de trabajo en la actualidad— sobre todo en los países desarrollados— va sufriendo una importante atenuación por los mejores salarios, por las mejores condiciones de trabajo, por la jornada de ocho horas, por el seguro social obligatorio establecido en muchas legislaciones, por la Responsabilidad Social de la Empresa —institución reciente que ayuda en diferentes formas a los trabajadores y a sus familias— y por las mejoras que los sindicatos consiguen en sus luchas laborales. Dentro de estas mejoras pueden incluirse, en caso de que se consiguiere, la participación cogestionaria de los trabajadores que podría ser, mirando hacia el futuro, una de las maneras de transformar la propiedad privada de los medios de producción, pues como he dicho el desarrollo de la sociedad no se detiene. Esta participación congestionaría de los trabajadores implica un conocimiento y/o preparación sobre la empresa para un óptimo resultado de la misma participación cogestionaria.

ACÁPITE 6

ABOLICIÓN Y EXTINCIÓN DEL ESTADO

Con la revolución socialista el Estado es superado, transformado o abolido para dar nacimiento al Estado autoritario de la dictadura del proletariado. Cuando desaparezca la dictadura del proletariado es cuando surgirá la sociedad comunista, desaparecerán las clases sociales y el Estado no será necesario como instrumento de coacción o predominio de una clase sobre otra, entonces se extinguirá el Estado (40). "El Estado no existirá eternamente. En el futuro cederá el lugar a la autogestión social comunista. Una etapa en el camino hacia la sociedad sin Estado es el Estado de todo el pueblo, que se desarrolla del Estado de la dictadura de la clase obrera en el curso de la edificación de la sociedad comunista" (41).

Entre la sociedad capitalista y la sociedad comunista media un período de transición, que será de transformaciones revolucionarias, hasta alcanzar la sociedad comunista. "A este período corresponde también un período político de transición, cuyo Estado no puede ser otro que la dictadura revolucionaria del proletariado" (42). Podría deducirse, por muchos aspectos de la teoría de Karl Marx, que en la medida que la sociedad socialista avanzara, el Estado de dictadura del proletariado iría disminuyendo sus potestades autoritarias y democratizándose, cada vez más, dicha sociedad en transición. Pero "como demuestra la experiencia histórica del llamado 'socialismo real', es su reforzamiento, que, aunque la necesidad de este reforzamiento se proclame en interés de la clase —como hizo Stalin al considerar agotada o inactual la tesis extincionista del Estado del marxismo clásico—-, se volverá contra la clase misma que dice representar" (43). El Estado en todos los países que ha triunfado la revolución socialista, sea por vía violenta o sea por vía pacífica electoral, en vez de disminuir su poder lo ha ido acrecentando en forma gigantesca en todos los campos de la vida política, económica, educativa, sanitaria, cultural, etc., lo cual, por su mismo gigantismo, no puede cubrir eficientemente. Por eso, en vez de cumplir con sus promesas, generalmente populistas, somete a la población a escasez de agua potable, al mal servicio eléctrico, al mal servicio de hospitales, falta de médicos y medicinas, encarecimiento inflacionario de alimentos y vestidos, desempleo generalizado, nacionalizaciones de empresas y fincas privadas que, por la mala administración del Estado o de las personas que pone al frente de aquellas, devienen en la improducción y la ruina. Las empresas del gobierno no producen casi nada, algunas veces ni para el pago de sus propios trabajadores. Pero el grupo dirigente o nueva clase social o la alta burocracia del nuevo régimen socialista, disfruta del bienestar y la buena vida, mientras el pueblo o proletariado propiamente dicho lleva una vida paupérrima. Lo mantienen con la ilusión de la igualdad, de la participación, de que ahora son los protagonistas de su propia historia, que ahora son reconocidos, con sueldos y pensiones de hambre, y con las migajas que reparten como las bolsas

CLAP —Comité Local de Abastecimiento y Producción—, de muy escasos alimentos, en Venezuela.

En algunos países donde los partidos socialistas han llegado al poder por la vía electoral para afirmar que son gobiernos democráticos y no dictatoriales, mantienen un multipartidismo limitado (44). Como ejemplos, puedo citar los casos de los regímenes de Venezuela y Nicaragua. Candidatos que se presentan a elecciones de cargos ejecutivos o parlamentarios para cualquier nivel del Estado, que no gocen de la aceptación del régimen, son inhabilitados y hasta encarcelados por algún motivo, generalmente inventado. Regularmente los poderes legales del Estado son controlados por el gobierno central. Por tanto, la institucionalidad democrática no existe, porque está controlada políticamente. Los empleos públicos se encuentran, normalmente, reservados para los militantes del partido gobernante. La amenaza en sus diferentes formas y matices es arma esgrimida, solapadamente, por personeros del régimen. Entre bastidores, hay violaciones de los derechos humanos, las cuales, desde luego, se ocultan y se niegan.

CAPÍTULO III

EL FRACASO DEL SOCIALISMO

ACÁPITE 1

CONCEPTO Y DEFINICIÓN DE UTOPÍA

Según el *Diccionario de la Lengua* de la Real Academia Española es un vocablo que viene del griego y significa "lugar que no existe", y fue tomado del libro *Utopía*, publicado por el inglés Tomás Moro, quien describía una república imaginaria. "Plan, proyecto, doctrina o sistema halagüeño, pero irrealizable". Según definiciones copiadas de Internet, "utopía" es:

1º. Un "Plan o sistema ideal de gobierno en el que se concibe una sociedad perfecta y justa, donde todo discurre sin conflictos y en armonía";

y 2º. Un "Proyecto, deseo o plan ideal, atrayente y beneficioso, generalmente para la comunidad, que es muy improbable que suceda o que en el momento de su formulación es irrealizable" (45).

El título de la obra del escritor venezolano Isaac J. Pardo *Fuegos bajo el Agua* — citada anteriormente— es, a mi criterio, una forma sencilla, objetiva y hasta poética del concepto de utopía, porque es algo que no existe ni es realizable.

EL ESTADO SOCIALISTA HA SIDO Y ES UN ATROPELLO A LOS SERES HUMANOS, BAJO LA CUBIERTA DE LA LIBERTAD Y LA IGUALDAD.

Al reino de la libertad y la igualdad nos llevaría el Estado socialista o dictadura del proletariado, según el marxismo-leninismo; pero de acuerdo a la historia política, a partir de la Revolución rusa de 1917 hasta nuestros días, este Estado autoritario y totalitario, nos ha conducido por caminos execrables de odio, de amenaza y de crueldad, bajo la sombra de la ilusión teórica —libertad e igualdad—, por no decir del engaño. Si reviviera Marx, se asombraría de los atropellos que ha causado la dictadura del proletariado en todos los países donde ha triunfado la revolución socialista.

En los países que se ha impuesto por la vía violenta, armada, ha conculcado la libertad en todos sus aspectos, ha acabado con la separación de los poderes y hasta ha violado el derecho a la vida de muchos ciudadanos que se oponen al régimen dictatorial. Encubren la tortura y graves violaciones de los derechos humanos. La igualdad proclamada como su bandera más importante, se ha quedado como una ilusión no cumplida, pues el Estado se ha convertido en el único propietario de los medios de producción, el único patrón, que establece las condiciones de trabajo, incluido el salario. Surge la alta burocracia como la nueva clase favorecida, que señorea al Estado e impone su dominio a los modestos empleados del gobierno y a los trabajadores en general. En la práctica desaparecen los sindicatos como los instrumentos de lucha de la clase proletaria, dejando a los trabajadores desamparados. De hecho, son eliminados todos los partidos políticos y se estabiliza el régimen de partido único, llámese socialista o comunista. En la economía se expropian las empresas privadas y todo pasa a ser administrado por el gobierno. Actualmente, algunos regímenes socialistas, como el chino y el vietnamita, han abierto sus economías al mercado capitalista nacional e internacional, para salir del desastre en que habían hundido a sus países; pero mantienen sus Estados "socialistas" bajo la bota militar y los puños de hierro de sus partidos únicos.

En cuanto a los países que han caído bajo el régimen so-cialista de gobierno por la vía electoral, siguen dentro de lo posible, el mismo camino de aquellos países cuyos partidos llegaron al poder por revoluciones violentas; pero simulan una democracia con partidos legalizados, sujetos a múltiples y variadas amenazas y restricciones, con elecciones frecuentes o infrecuentes, dependiendo de sus condiciones favorables o no. Además, constitucionalmente inclusive, se denominan democracias participativas y protagónicas, lo que es más populismo que democracia real. Así le inducen a los trabajadores y pobres que les siguen, la ilusión de que son libres, iguales, reconocidos y protagonistas de su propia historia. Les hacen creer que todos son soldados o combatientes, dispuestos a dar sus vidas por la revolución y contra el fantasma feroz del imperialismo yanqui, culpable, según los dirigentes revolucionarios, de todos los males que sufre el pueblo. En la actualidad, especialmente en Suramérica, muchos dirigentes populistas enarbolan banderas de democracias participativas y populares, pero al llegar al poder, regularmente toman medidas de tipo socialista, que no enarbolaron en sus mensajes durante sus campañas electorales. Esto engendra falsas expectativas en los electores, que han creído una verdadera democracia participativa y no en regímenes socialistas o comunistas. Como ejemplos de estos Estados socialistas que se hacen llamar "democráticos", cito a Venezuela y Nicaragua.

ACÁPITE 3

LA SOCIEDAD COMUNISTA ES UNA UTOPÍA

Marx y Engels criticaron a los socialistas que los antecedieron—como Robert Owen, Charles Fourier y Saint-Simon— por ser, según ellos, socialistas utópicos cuyas ideas eran irrealizables o simplemente ayudas para aliviar los sufrimientos y calamidades que el sistema capitalista de las grandes empresas causaba a los trabajadores y, en general, a las clases menesterosas de aquellos tiempos. Sin embargo, en el próximo capítulo de este ensayo veremos herencias muy positivas del pensamiento y las prácticas de los llamados socialistas utópicos. Marx y Engels por contrapartida, diríamos, elaboraron la teoría del socialismo científico, recogiendo ideas, prácticas y anhelos que venían de socialistas anteriores y que ellos fueron estudiando y depurando, en base a las ciencias políticas, económicas y sociales. Socialismo científico que podemos catalogar como método y teoría para llegar a la sociedad comunista, que es, a nuestro criterio, una utopía científico-social, aunque aparentemente esta frase parezca una paradoja.

El mismo Marx resumió lo que debería ser la sociedad comunista: "En la fase superior de la sociedad comunista, cuando haya desaparecido la subordinación esclavizada de los individuos a la división del trabajo, y con ella, la oposición entre el trabajo intelectual y el trabajo manual; cuando el trabajo no sea solamente un medio de vida, sino la primera necesidad vital; cuando, con el desarrollo de los individuos en todos sus aspectos, crezcan también las fuerzas productivas y corran a chorro lleno los manantiales de la riqueza colectiva, solo entonces podrá rebasarse totalmente el estrecho horizonte del derecho burgués, y la sociedad podrá escribir en su bandera: ¡De cada cual, según su capacidad, a cada cual, según sus necesidades!" (46). Indudablemente, esta sociedad descrita por Marx es una sociedad utópica, sobre todo considerando la desaparición de la división del trabajo manual y el intelectual en forma tan abrumadora, y el crecimiento tan grande de las fuerzas productivas que correrían "a chorro lleno los manantiales de la riqueza colectiva". Las utopías que buscan la libertad, la igualdad y, por ende, la justicia social, arrastran a muchas personas sensibles a estos deseos; mas, el socialismo marxista, con su posterior agregado el leninismo, arrastró a millones de personas en todo el mundo, conmocionando al sistema capitalista; y a pesar del derrumbe del Muro de Berlín y la desaparición de la Unión de Repúblicas Socialistas Soviéticas, sigue dando aletazos sobre todo en los países del llamado Tercer Mundo o países subdesarrollados; porque siguen existiendo desigualdades, hambre, desempleo, calamidades y grandes injusticias.

La utopía socialista o comunista ha fracasado en su intento de transformar la realidad existente, a pesar de los grandes movimientos políticos y sociales que triunfaron en muchos países. "Desde comienzos del siglo XIX, con Saint-Simon en Francia, y después con Marx, la utopía se ha impuesto a la realidad con la intención de modelarla. Fue una catástrofe de buenas intenciones que posteriormente se invirtieron, llegando a resultados desastrosos" (47). Para Ludovico Silva, filósofo venezolano, "La utopía socialista es en sí misma irrealizable, pero es preciso sin embargo, que la concibamos como necesaria, como realizable". Y más adelante agrega que aun triunfando la revolución socialista, "seguirá funcionando la utopía como motor constante y acicate" (48). Algunos autores, como Adolfo Sánchez Vásquez, sostienen que la utopía en vez de haber llegado a su fin al entrar el siglo XXI, mantiene su vitalidad, a pesar del eclipse que actualmente pasa, porque podría levantar el ánimo para la lucha (49). István Meszaros, filósofo húngaro, sostiene que la alternativa socialista se mantiene mientras sea cada vez más profunda la crisis estructural del capitalismo y las injustas consecuencias que acarrea para los pueblos del Tercer Mundo (50).

Ha quedado demostrado que la teoría marxista del socialismo o comunismo es una utopía y como tal ha fracasado en los innumerables países donde triunfó la revolución socialista, bien fuere por la vía armada o bien por la vía electoral. "La experiencia del fracaso de 70 años de socialismo construido en cuatro continentes, abarcando casi la cuarta parte del planeta y gobernando sobre más de dos mil millones de personas, indica que el marxismo no tiene otro destino que su completo desmontaje. La libertad, la democracia, la propiedad privada, el mercado, los derechos humanos se han convertido en características consustanciales al género humano, sin necesidad de una ideología o una ciencia que las proclame" (51).

CAPÍTULO IV

LA BÚSQUEDA DEL BIENESTAR

EL DESARROLLO DE LA SOCIEDAD ES INFINITO

El avance de la sociedad no se detiene. Desde la más remota Antigüedad, pasando por diferentes sociedades de la comunidad primitiva a sociedades esclavistas; en la Edad Media, pasando por diferentes sociedades feudales; y en las épocas Moderna y Contemporánea, llegando de sociedades precapitalistas atrasadas a sociedades capitalistas de gran desarrollo en la actualidad e, inclusive, las sociedades de regímenes socialistas fracasados. Por cierto, con esos cambios también el concepto de propiedad ha cambiado, más de una vez en las pasadas centurias, lo cual ha sido estudiado histórica y lógicamente por la teoría de la propiedad con más flexibilidad que el clásico liberalismo del siglo XX. (52). Ha habido lógicamente una interrelación entre los cambios de las sociedades con los cambios de las formas de propiedad, que ha sido muy importante para el avance del hombre en el planeta Tierra. "La transformación democrática y progresista de la sociedad no tiene fin: es permanente, en consonancia con el carácter incontenblemente dinámico de la historia del hombre y del universo" (53).

ACÁPITE 2

LA DEMOCRACIA

La democracia es un hecho histórico y político, y como tal, encontramos diferentes tipos en pueblos diversos y en tiempos diferentes. La palabra es de origen griego y significa, literalmente, "gobierno del pueblo". El contenido del concepto de democracia ha variado de unos pueblos a otros, conforme a las transformaciones sociales y económicas que han tenido lugar en aquellos. También podría decirse que la democracia ha adoptado y adopta, de acuerdo a la circunstancia histórica de tiempo, lugar y costumbres, diferentes formas de gobierno. Ya Tocqueville en su tiempo manifestaba que la democracia no tenía una única forma de gobierno (54).

Muchos autores han dado diferentes clasificaciones del concepto de democracia a lo largo de la historia, pero es cuestión de términos, circunstancias y apreciaciones. Tomaremos la del Dr. Enrique Carrillo Batalla, por abarcar en general, el recorrido de la democracia. Refiere tres experiencias: la arcaica, la burguesa y la popular de los países socialistas. Esta última no la tomaré en cuenta, porque cuando el Dr. Carrillo Batalla hizo esa clasificación, no había ocurrido aún el desplome de los países socialistas y, además, porque tales regímenes no eran sino la dictadura "del proletariado" con mascarillas de libertades democráticas. En Atenas, cuna de la democracia arcaica, este sistema de gobierno alcanzó su mayor esplendor con las reformas de Pericles. No obstante, de 420.000 habitantes con que contaba el Ática, aproximadamente, solamente el 7 % de esa población formaba la suma de los ciudadanos masculinos; es decir, los que detentaban los derechos políticos. El resto de aquella población estaba constituido por una inmensa mayoría de esclavos y por los metecos o extranjeros. Es más, dentro del grupo de los ciudadanos atenienses, a su vez, existían grandes diferencias, pudiendo ser clasificado este grupo en ricos, clase media y pobre. En cuanto a la democracia burguesa, tres hechos van a ser determinantes para su surgimiento y desarrollo:

1º. La Revolución inglesa, que alcanzó su punto culminante hacia finales de la vida de Oliver Cromwell (1599 – 1659). Esta revolución acabó con los restos del feudalismo en Gran Bretaña e instauró un sistema de monarquía limitado por el parlamento.

2º. La independencia de los Estados Unidos de Norteamérica, proclamada el 4 de julio de 1776.

Y 3º. La Revolución francesa que se inició con la toma de La Bastilla por el pueblo parisino el 14 de julio de 1789 y la cual puso el poder a manos de la gran burguesía.

Con las revoluciones inglesas, norteamericana y francesa advino el Estado liberal y, mucho más tarde, con la introducción de las elecciones democráticas, aquel se transformó en el Estado liberal democrático. Este Estado liberal democrático opera en todo un sistema político, social y económico llamado democracia representativa o democracia occidental. Tanto el

Estado liberal como el Estado liberal democrático han tenido como fondo esencial la sociedad capitalista: "Esta sociedad basada en la libertad individual de escogencia tiene, por supuesto, algunas desventajas. Hay, necesariamente, gran desigualdad [...]. Pocas personas han acumulado capital mientras que la inmensa mayoría no, o tienen tan poco que no pueden trabajar por su propia cuenta, por lo que deben ofrecer su fuerza de trabajo a otros. Esto envuelve desigualdad en la libertad de escogencia: todos son libres, pero algunos más libres que otros" (55). Con la lucha de los pueblos, en la segunda mitad del siglo XX, aparece la democracia participativa, en la cual el pueblo tendrá mayor participación política y no solo con elecciones cada 4 o 5 años, sino con mayor presencia en lo social y en lo económico. "Igualdad y participación: dos aspiraciones y tendencias vivas, irreversibles, que acicatean la búsqueda del hombre contemporáneo por una nueva sociedad. Vivimos en efecto, en una sociedad no de iguales, no articulada por la participación" (56). La democracia participativa debe abrir campo a la democracia económica y a la democracia cultural. En primer lugar, garantizar la derrota de la marginalidad, proveer un nivel de vida digno, seguridad de trabajo y remuneración que asegure alimentación, vivienda, salud y previsión social. En segundo lugar, debe permitir un nivel de educación suficiente y la continua oportunidad de reactualizar la formación técnico-profesional, que todos los ciudadanos alcancen un nivel apropiado de información y formación en general (57). Cuando hablamos de igualdad en la democracia, no debemos confundir esta noción con igualitarismo: no una igualdad aritmética de ingresos y riquezas, aunque sí una igualdad de oportunidades y condiciones para la realización de las capacidades humanas (58), porque todos los seres humanos somos diferentes tenemos diferentes capacidades y motivaciones.

En algunos países desarrollados, la democracia liberal se fue moviendo, desde mediados del siglo XX, hacia formas políticas y económicas de más participación por parte de la clase obrera y de las clases bajas en general. De tal manera que éstas tienen más acceso a los organismos del Estado y mejoran su participación en la distribución de la riqueza; pero sin alterar la esencial naturaleza del sistema capitalista. En tal sentido, ha aparecido lo que se ha llamado el *welfare and regulatory state*; es decir, un Estado que trata de hacer del sistema democrático un sistema de más bienestar para los individuos, de mejorar las condiciones de vida de las clases de menos recursos o que no cuentan con recurso alguno, por una parte; y por la otra, que interviene en la vida económica y social, aún en las áreas tradicionalmente reservadas a la empresa privada, con miras, precisamente, a lograr una mejor distribución de la riqueza a través de los servicios de asistencia a las comunidades y a los individuos.

Los supuestos sustanciales de la democracia como son la libertad y la igualdad parecen difíciles de unir porque parecen contradictorios; es decir, a mayor libertad menos igualdad, y a mayor igualdad menos libertad. También la igualdad pareciera contener el principio de la justicia social. Pero pensando todavía más allá, podríamos reunir y conjugar la libertad y la igualdad en el principio de justicia social. De tal manera, que la libertad no vaya en desmedro de la igualdad ni viceversa. Tomando en consideración: 1) Esta circunstancia de filosofía o sociología políticas; 2) La evolución progresiva que ha tenido la democracia desde la Revolución francesa hasta nuestros días; y 3) Los avances de los diferentes tipos de Estado que han acompañado a la democracia, podemos asumir la democracia clasificada en política, social y económica. A pesar de los vaivenes sociales, económicos y políticos de los tiempos actuales, "El paso de la democracia política a la democracia social es el rasgo de la evolución de las formas de gobierno en la época contemporánea" (59). Esta democracia social deberá excluir las desigualdades producidas por los avatares de la vida económica, excluir la riqueza como fuente de poder y liberar a los trabajadores de toda forma de opresión, todo lo cual se conseguirá cuando se pase a una democracia económica o sea a una democracia real o realizada, que no se debe confundir con una democracia liberal formal, donde predomina, abierta o solapadamente, la riqueza capitalista, o con una democracia socialista donde la opresión y la explotación provienen del partido o del Estado. Y no tanto de estos sino de un grupo de dirigentes privilegiados, conocidos en lo que fue la Unión de Repúblicas Socialistas Soviéticas como "la nomenclatura", (60). Podemos concluir que la democracia —califíquese como se califique— es el mejor sistema para lograr el bienestar del ser humano.

Como ejemplos de que se pueden lograr sociedades de un bienestar bastante aceptable con gobiernos democráticos, podemos citar los países nórdicos de Europa: Suecia, Noruega, Dinamarca —con regímenes parlamentarios y monarquías constitucionales— y Finlandia —con gobierno republicano parlamentario—. Estas sociedades cuentan con excelentes condiciones de vida con "servicios públicos de gran calidad, crecimiento económico estable, paro casi inexistente y un sistema educativo excelente. Estas son algunas señas de identidad de estos países. De hecho, han acabado siendo bautizados como *modelo de bienestar nórdico*" (61). Además, el desarrollo de la sociedad en general o en particular, es infinito; por tanto, el bienestar podrá ir en aumento para la felicidad del ser humano.

COOPERATIVISMO, MUTUALISMO Y ECONOMÍA

SOCIAL Y SOLIDARIA

De las ideas y de las prácticas de los socialistas utópicos —entre quienes descuellan Owen, Fourier, Saint-Simon y Louis Blanc—, nacieron las cooperativas. Pocos años antes de la publicación de *El manifiesto comunista* en 1848, se había fundado la primera cooperativa, bajo la inspiración de las ideas de Robert Owen, en Rochdale, Manchester, Inglaterra, en 1844. Hoy el movimiento cooperativo se encuentra extendido por el mundo: millones de hombres y mujeres están afiliados a las cooperativas, las cuales cada vez más resuelven problemas económico-sociales como el desempleo, precios justos, buenos anticipos que equivalen al salario en las empresas mercantiles, pero sin el aditamento de la explotación, ya que los socios son propietarios de sus empresas cooperativas. Por otra parte, las cooperativas son por antonomasia organizaciones democráticas —un hombre, un voto—; por eso, el sistema democrático es el campo más fértil para que prosperen las cooperativas, a la vez que estas son un basamento fundamental para el desarrollo de la democracia económica y participativa, donde el hombre se convierte en protagonista directo de su propio bienestar. Citaré como ejemplo de lo afirmado en este párrafo algunos de los complejos cooperativos que existen en el mundo. Complejo Cooperativo Industrial de Mondragón, en España; Banco Grameen de Bangladesh, en La India; Food Coop, en Brookling, Estados Unidos; Banco Palmas, en Brasil; Movimiento Desjardins, que es el segundo entre las instituciones financieras cooperativas más sólidas del mundo, y opera en las provincias de Quebec y Ontario en Canadá; el Crédit Agricole, el primer grupo financiero francés, que destaca por sus 140.000 empleados, 31.500 directores de oficinas locales y regionales que atienden a 50 millones de clientes en 54 países, con 8,2 millones de asociados. Su éxito se basa en ser un banco universal próximo a sus relacionados, gracias a más de 7.000 oficinas, que en realidad son cooperativas de ahorro y crédito. Atiende a 34 % de los franceses, 66 % de las empresas y 90 % de los productores agrícolas. El Banco Credicoop (1979) —fundado por la fusión de 44 cooperativas de crédito de la Capital Federal y del Gran Buenos Aires— funciona como cooperativa de segundo grado. Cuenta con 216 sucursales y posee la única tarjeta cooperativa del mundo. En algunas regiones de Colombia existen experiencias cooperativas de gran impacto local como las del Norte de Medellín, en ahorro y crédito; las de San Gil, en el Sur de Santander; y las que se ocupan de suministro de agua y de reciclaje. (62). Las Ferias de Consumo en el Estado Lara, Venezuela (63).

Además de las cooperativas, las mutuales también las podemos integrar a las entidades de la economía social y solidaria, en una interpretación amplia de los términos. "Las mutualidades o mutuales, entidades de socorros mutuos, asistencia recíproca o previsión social —como se suelen llamar comúnmente—, o asociaciones mutuales, como legítimamente se denominan, son personas jurídicas…" (64). Estas se conocen en Argentina con la llegada de los inmigrantes europeos desde mediados del siglo XIX. En Venezuela no existen como tales, pero se encuentras las cajas de ahorro y los institutos de previsión social que, indudablemente, son mutuales. Por su naturaleza y objetivos juegan un papel muy importante en la solución de problemas individuales, sociales y económicos.

Entre las demás entidades de la economía social y solidaria, podemos citar empresas familiares, empresas de pequeños productores agrícolas y artesanales, y asociaciones civiles de transporte, las cuales, por su composición organizativa y sus objetivos, están también en el camino de resolver problemas de sus asociados y de las comunidades donde realizan sus actividades.

Luis Delgado Bello en su libro *Nuevos protagonistas para el cambio global, el impacto de la economía social y solidaria*, hace un aporte fundamental para esa economía, y especialmente, para las cooperativas. En el acápite titulado: "Se necesitan nuevos protagonistas", Cap. VI, dice: "Se necesitan nuevos protagonistas que propicien que las innovaciones se incorporen en las corrientes de las transformaciones solidarias de la Humanidad y no se vayan por los cauces de modelos sociales concentradores y jerárquicos. Esos protagonistas deben ser parte de grandes movimientos mundiales no solo de opinión, sino también económicos, organizativos y de transformación cultural. Ser parte de una gran fuerza social, coherentemente articulada. Ese es un gran reto de la economía solidaria".

También en el acápite titulado: "Subsistema económico", Cap. VI, dice: "Después queremos ver (al subsistema económico) globalmente y plantearnos sus relaciones con instituciones, procesos económicos, movimientos espirituales, con los que convivimos en este momento de nuestro planeta, personas, organizaciones e instituciones". Y más adelante, en el acápite titulado: "Oír crecer a los nuevos protagonistas", Cap. VIII, dice: "Oír que bajo la óptica y el empuje de nuevos protagonistas, la democracia abre posibilidades para la gestión local, regional y mundial. Oír el grito por un cambio de la sociedad de múltiples movimientos sociales en todas las esferas de la vida humana. Oír el clamor de cambio de la lógica de actuación de los mismos líderes y voceros del sistema actual como el expresado en Davos". (65). Se refiere al Foro Económico Mundial, llamado también Foro de Davos —realizado en el Monte de Davos, en Suiza, Europa— en 2020, y que luego se repitió en 2021, y que seguramente, se seguirá realizando todos los años venideros.

CONCLUSIONES

1. El socialismo o comunismo es una utopía y ha fracasado en todos los países del mundo donde se ha impuesto por la violencia o por la vía pacífica.

2. La propiedad privada de los medios de producción no ha sido ni será eliminada por leyes, decretos, ni por revoluciones, solamente la evolución de la sociedad, y dentro de ella, especialmente la economía, podrá producir transformaciones o cambios de la propiedad de los medios de producción.

3. El desarrollo de la sociedad no se detiene, es infinito.

4. La democracia es el mejor sistema para alcanzar el bienestar y la felicidad de los seres humanos.

5. El sistema democrático no concuerda con el socialismo o comunismo.

REFERENCIAS

1. Cfr. Pardo, Isaac J., *Fuegos bajo el agua. Invención de utopía,* p.683.

2. Secco, Emaury O. y Pedro D. Baridón, *Historia universal, Oriente,* pp. 213 y 321.

3. Vetencourt, Lola y Amelia Guardia, *Historia de la economía mundial,* pp. 19-20.

4. Maheshvarananda, Dada, *Después del capitalismo,* pp. 213 y 321.

5. Beer, Max, *Historia general del socialismo y las luchas sociales,* p. 19.

6. Pardo, Isaac J, *ob. cit.,* p. 100.

7. Esteller Ortega, David, *El acto cooperativo,* p. 30.

8. Boersner, Demetrio, *Qué es el socialismo democrático,* p. 33.

9. Ibidem, p. 32.

10. Ibidem, p. 34.

11. Ibidem, p. 33.

12. es.wikipedia.org/wiki/Karl_Marx

13. Beer, Max, ob. cit., pp. 292-293 y 311.

14. es.wikipedia.org/wiki/Primera_ Internacional

15. es.wikipedia.org/wiki/Segunda_Internacional

16. es.wikipedia.org/wiki/Internacional_Comunista

17. Marx, Karl y Friedrich Engels, *El manifiesto comunista*, p. 56.

18. Rangel, Domingo Alberto y Pedro Duno, *El sueño continúa*, pp. 87-88.

19. Cfr. Marx, Karl, *Introducción a la crítica de la economía política*, pp. 49-50.

20. Véase, Esteller Ortega, David, *La ciudad medieval*, pp. 29-35 y 72-77.

21. Cfr. Llanos Encalada, Mónica, *La cultura organizacional: eje de acción de la gestión humana*, Internet: cultura-organizacional.pdf (ecotec.edu.ec)

22. Marx, Karl y Friedrich Engels, *El manifiesto comunista*, ob. cit., p. 56.

23. Rangel, Domingo Alberto y Pedro Duno, *ob. cit.*, pp. 87-88.

24. Sánchez Vásquez, Adolfo, *Entre la realidad y la utopía*, p. 41.

25. Harnecker, Marta, *Los conceptos elementales del materialismo histórico*, p. 155.

26. Marx, Karl, *Prefacio a la introducción a la crítica de la economía política*, p. 8.

27. García Ponce, Antonio, *Adiós a las izquierdas*, p. 52.

28. Genocidio Camboyano, Internet: <u>El horror de los Jemeres Rojos (amnesty.org)</u>

29. Marcuse, Herbert, *La sociedad industrial y el marxismo*, p. 65.

30. Ibidem, p. 69.

31. Acumulación de capital, Internet: <u>Acumulación de capital (claseshistoria.com)</u>

32. Plusvalía, Internet: <u>El concepto de plusvalía – WK Financial Education – Titulación MiFID II</u>

33. Segal, Luis, *Estructura y ritmo de la sociedad humana*, p. 104.

34. Ibidem, p. 94.

35. 35) Esteller Ortega, David, *La ciudad medieval*, pp. 72-73.

36. Marx, Karl, *El capital*, Tomo I, p. 160.

37. Cfr. Ibidem, Tomo I, pp. 444-447, y Tomo III, pp. 64 y sigs.

38. Ganancia y precio de producción, Internet: <u>Ganancia y precio de producción - EcuRed</u>

39. Diferencia entre plusvalía y ganancia, Internet: <u>Marx: El Capital, libro tercero, cap. 2, La tasa de ganancia (ucm.es)</u>

40. Cfr. Arnesilla Conde, Santiago Javier, *Abolición del estado burgués y extinción del Estado proletario. Revolución y dictadura del proletariado*, 2019, Revista Debates.

41. Ibidem, *Diccionario de Rosental y Iudin*, citado por Santiago Javier, Arnesilla Conde, p. 152.

42. Ibidem, Marx, Karl, *Crítica al programa de Gotha*, citado por Santiago Javier, Arnesilla Conde, p 25.

43. Sánchez Vásquez, Adolfo, ob. cit. pp. 44-45.

44. Cfr. Rangel, Domingo Alberto y Pedro Duno, *ob. cit. p. 91.*

45. Definición de utopía, Internet: <u>Utopía, ¿Que tipo de soñador usaría esa palabra? – Más Cara que Espalda (mascaraqueespalda.com)</u>

46. Marx, Karl, citado por Santiago Javier Arnesilla Conde, en *Abolición del Estado burgués y eliminación del Estado proletario*, 2019, Revista Debates.

47. Sartori, Giovanni, *La democracia en 30 lecciones*, p. 136.

48. Silva, Ludovico, *De lo uno a lo otro*, p. 218.

49. Cfr. Sánchez Vásquez, Adolfo, ob. cit., pp. 311 y sigs.

50. Meszaros, István, *Más allá del capital*, Cap. XLVII y p. 1117-

51. García Ponce, Antonio, ob. cit., p. 78.

52. Macpherson, C.B., *Democratic Theory*, p. 122.

53. Boersner, Demetrio, ob. cit., p. 66.

54. Cfr. Tocqueville, Alexis de, *La democracia en América*, p 18.

55. Macpherson, C.B., *The Real World of Democracy*, p. 7.

56. Pérez Morales, Ovidio, *Sobre la democracia* Compendio de Conferencias, p. 118.

57. Fernández, Eduardo, *Sobre la democracia*, Compendio de Conferencias, p. 255.

58. Cfr. Macpherson, C.B., ob. cit., p. 47.

59. Burdeau, George, *La democracia*, p. 17.

60. Véase, Esteller Ortega, David, *Democracia y cooperativismo*, pp. 15-125.

61. Modelo de Bienestar Nórdico, Internet: <u>Las claves del modelo de bienestar nórdico (unitedexplanations.org)</u>

62. Bastidas Delgado, Oscar, *La identidad cooperativa*, pp. 194-197.

63. Véase, Bastidas Delgado, Oscar, *La autogestión como innovación social en las cooperativas. El caso de las ferias de consumo en el Estado Lara en Venezuela*, pp. 123-149.

64. Cracogna, Dante, Mutuales, p. 21.

65. Delgado Bello, Luis, *Nuevos protagonistas para el cambio global. El impacto de la economía social y solidaria*, Internet.

BIBLIOGRAFÍA

ARNESILLA CONDE, Santiago Javier, *Abolición del Estado burgués y extinción del Estado proletario. Revolución y dictadura del proletariado*, publicado en Internet.

BASTIDAS DELGADO, Oscar, *La identidad cooperativa*, Editora Galaxia, Tovar, Estado Mérida, Venezuela, 2015.

— *La autogestión como innovación social en las cooperativas. El caso de las ferias de consumo en el Estado Lara en Venezuela*, Italgráfica, Caracas, 2007.

BEER, Max, *Historia general del socialismo y de las luchas sociales*, Talleres El Gráfico Impresores, Nicaragua 4462, 1973.

BOERSNER, Demetrio, *Qué es el socialismo democrático?*, Editorial Texto, Caracas, Venezuela, 1988.

BURDEAU, George, *La democracia*, Ediciones Ariel, Barcelona, España, 1960.

CRACOGNA, Dante, *Mutuales*, Intercoop Editora Cooperativa Limitada, Buenos Aires, Argentina, 1992.

DELGADO BELLO, Luis, *Nuevos protagonistas para el cambio global. El impacto de la economía social y solidaria,* publicado en Internet.

ESTELLER ORTEGA, David, *El acto cooperativo*, Departamento de Reproducción del Consejo e Profesores Universitarios Jubilados de la Universidad Central de Venezuela, Caracas, 1986.

—*La ciudad medieval, factor de importancia para el advenimiento del capitalismo*, Imprenta Universitaria de la Universidad Central de Venezuela, Caracas, 1998.

—*Democracia y cooperativismo*, Ediciones de la Biblioteca, Universidad Central de Venezuela, Caracas, 1995.

FERNÁNDEZ, Eduardo, *Sobre la democracia*, (Compendio de Conferencias), Editorial Ateneo de Caracas, Venezuela, 1979.

GARCÍA PONCE, Antonio, *Adiós a las izquierdas*, Alfadil Ediciones, Caracas, 2003.

HARNECKER, Marta, *Los conceptos elementales del materialismo histórico*, Siglo xxi Editores, México, 1969.

LLANOS ENCALADA, Mónica, *La cultura organizacional: eje de acción de la Gestión humana*, publicado en Internet.

Macpherson, C.B., *Democratic Theory*, Oxford University Press, Inglaterra, 1973.

—*The Real World of Democracy*, Oxford University Press, New York and Oxford, 1981.

MAHESHVARANANDA, Dada, *Después del capitalismo*, Inner World Publications, San Germán, Puerto Rico, 2013.

MARCUSE, Herbert, *La sociedad industrial y el marxismo*, Editorial Quintaría, Buenos Aires, Argentina, 1968.

MARX, Karl y Friedrich Engels, *El manifiesto comunista*, Ediciones en lenguas extranjeras, Moscú, 1948.

MARX, Karl, *Introducción a la crítica de la economía política*, Editorial Polémica, Buenos Aires, Argentina, 1974.

— *El capital*, Fondo de Cultura Económica, México, 1966.

— *Crítica al programa de Gotha*, 2016, publicado en Internet.

MESZAROS, István, *Más allá del capital*, Vadell Hnos. Editores, Caracas, Venezuela, 2001.

PARDO, Isaac J., *Fuegos bajo el agua. La invención de utopía*, Prensas Venezolanas de Editorial Arte. Caracas, Venezuela, 1983.

PÉREZ MORALES, Ovidio, *Sobre la democracia* (Compendio de Conferencias), Editorial Ateneo de Caracas, 1979.

RANGEL, Domingo Alberto y Pedro Duno, *Socialismo. El sueño continúa*, Vadell Hnos. Editores, Valencia, Venezuela, 2003.

SANCHES VÁSQUEZ, Adolfo, *Entre la realidad y la utopía*, Fondo de Cultura Económica, México, 1999.

SARTORI, Giovanni, *La democracia en 30 lecciones*, Nomos Impresores, Bogotá, Colombia, 2009.

SECCO, Emaury O. y Pedro D. Baridón, *Historia universal (Oriente)*, Editorial Kapeluz, Buenos Aires, Argentina, 1958.

SEGAL, Luis, *Estructura y ritmo de la sociedad humana*, Ediciones Fuente Cultural, México, Tercera Edición, s/f.

SILVA, Ludovico, *De lo uno a lo otro*, Imprenta Universitaria de Caracas, Venezuela, 1975.

TOCQUEVILLE, Alexis de, *La democracia en América*, Ediciones Gráficas, España, 1971.

VETENCOURT, Lola y Amelia Guardia, *Historia de la economía mundial*, Ediciones de la Biblioteca, Universidad Central de Venezuela, Caracas, 1982.

CIBERGRAFÍA

es.wikipedia.org/wiki/Karl_Marx

es.wikipedia.org/wiki/Primera_Internacional

es.wikipedia.org/wiki/Segunda_Internacional

es.wikipedia.org/wiki/Internacional_Comunista

Acumulación de capital, Internet

Plusvalía, Internet

Diferencia entre plusvalía y ganancia, Internet

Definición de utopía, Internet